T0203401

Sobre el duelo

Sobre el duelo

CHIMAMANDA NGOZI ADICHIE

Traducción de
Cruz Rodríguez Juiz

LITERATURA RANDOM HOUSE

Papel certificado por el Forest Stewardship Council®

Título original: *Notes on Grief*

Primera edición: abril de 2021
Primera reimpresión: mayo de 2021

© 2021, Chimamanda Ngozi Adichie
Reservados todos los derechos
© 2021, Penguin Random House Grupo Editorial, S.A.U.
Travessera de Gràcia, 47-49. 08021 Barcelona
© 2021, Cruz Rodríguez Juiz, por la traducción

Printed in Spain – Impreso en España

ISBN: 978-84-397-3901-2
Depósito legal: B-4.814-2021

Compuesto en La Nueva Edimac, S.L.
Impreso en Gómez Aparicio, S.L.

R H 3 9 0 1 2

In memoriam:
James Nwoye Adichie,
1932-2020

1

Desde Inglaterra, mi hermano organiza llamadas por Zoom cada domingo, nuestro bullicioso ritual del confinamiento: dos hermanos se suman desde Lagos, tres desde Estados Unidos y mis padres, a veces de forma resonante y entrecortada, desde Abba, nuestro pueblo natal en el sudeste de Nigeria. El 7 de junio se conectó mi padre, del que solo asomaba la frente en la pantalla, como de costumbre, porque nunca llegó a aprender a sujetar el móvil durante las videollamadas. «Mueve un poco el teléfono, papá», solía aconsejarle alguno de nosotros. Mi padre se burló del nuevo mote de mi hermano Okey, luego explicó que no había cenado porque había almorzado tarde, después nos habló del multimillonario de la ciudad vecina que reclamaba las tierras ancestrales de nuestro pueblo. No se encontraba muy bien, dormía mal, pero no debíamos preocuparnos. El 8 de junio, Okey fue a Abba a verle y dijo que se le veía cansado. El 9 de junio no me extendí hablando con él para que pudiera descansar. Se rio por lo bajo cuando hice mi imitación paródica de un pariente. «Ka chi fo», dijo. Buenas noches. Fueron las últimas palabras que me dirigió. El 10 de junio había muerto. Mi hermano Chuks me llamó para contármelo, y me derrumbé.

2

Mi hija de cuatro años dice que la asusté. Se arrodilla para enseñármelo, subiendo y bajando los puñitos apretados, y su imitación consigue que me vea en aquel momento: completamente deshecha, gritando y pateando el suelo. La noticia me desarraiga sin piedad. Me arranca de golpe del mundo que he conocido desde la infancia. Y me resisto: aquella tarde mi padre leyó el periódico, bromeó con Okey sobre afeitarse antes de la visita al especialista del riñón en Onitsha al día siguiente, comentó por teléfono los resultados de sus pruebas con mi hermana

Ijeoma, que es médica… así que ¿cómo puede ser? Pero ahí está. Okey sostiene el móvil por encima del rostro de mi padre, que parece dormido, con la cara relajada, hermoso en su descanso. Nuestra llamada por Zoom sobrepasa el surrealismo, todos lloramos y lloramos sin parar desde diferentes lugares del mundo, contemplando sin dar crédito al padre adorado que yace inmóvil en una cama de hospital. Ocurrió unos minutos antes de la medianoche, hora de Nigeria, con Okey a su lado y Chuks por el altavoz. Miro fijamente a mi padre. Me cuesta respirar. ¿Es esto el shock, que el aire se convierte en pegamento? Mi hermana Uche dice que acaba de enviarle un mensaje a un amigo de la familia para comunicárselo, y prácticamente chillo: «¡No! No se lo digas a nadie, porque si lo decimos será verdad». Mi marido me está hablando: «Respira despacio, bebe un poco de agua». La bata, mi prenda básica del confinamiento, está tirada hecha un guiñapo en el suelo. Más adelante, mi hermano Kene me dirá en broma: «Más vale que no recibas malas noticias en público, porque reaccionas arrancándote la ropa».

3

La pena es un tipo de enseñanza cruel. Aprendes lo poco amable que puede ser el duelo, lo lleno de rabia que puede estar. Aprendes lo insustancial que puede resultarte el pésame. Aprendes lo mucho que tiene que ver la pena con el lenguaje, con la incapacidad del lenguaje y con la necesidad de lenguaje. ¿Por qué noto los costados tan cansados y doloridos? De llorar, me dicen. No sabía que llorásemos con los músculos. El dolor no me sorprende, pero sí su componente físico: un amargor insoportable en la lengua, como si hubiera comido algo que aborrezco y no me hubiera cepillado los dientes; un peso horrible, enorme, en el pecho; y dentro del cuerpo, una sensación de disolución eterna. El corazón −el físico, no hablo en sentido figurado− se me escapa, se ha convertido en un ente aparte, late demasiado rápido, a un ritmo ajeno al mío. No es sufrimiento meramente del alma sino también del cuerpo, de dolores y falta de fuerzas. Carne, músculos, órganos, todo está afectado. Ninguna postura me resulta cómoda. Durante semanas tengo el estómago revuelto, tenso y encogido por la aprensión, la certeza constante de que alguien más morirá, de que vendrán más pérdidas. Una mañana, Okey me telefonea más temprano de lo habitual y pienso: «Dímelo, dímelo ya, ¿quién se ha muerto esta vez? ¿Ha sido mamá?».

4

En mi casa de Estados Unidos me gusta poner la radio pública de fondo, y mi padre, cada vez que venía de visita, la apagaba si nadie la estaba escuchando.

—Me estaba acordando de que papá siempre apagaba la radio y yo siempre volvía a encenderla. Seguro que le parecía que era un gasto innecesario —le digo a Okey.

—Como en Abba, que siempre quería apagar el generador antes de tiempo. Si volviera ahora mismo, se lo dejaría apagar encantado —responde Okey, y nos reímos.

—Y yo empezaría a madrugar y a comer *garri* e iría a misa los domingos —digo, y nos reímos.

Vuelvo a contarle la historia de cuando mis padres vinieron a visitarme al piso de estudiantes en Yale, cuando le ofrecí: «¿Quieres zumo de granada, papá?», y él me contestó: «No, gracias, sea lo que sea».

El zumo de granada se convirtió en una broma recurrente. Teníamos muchas bromas de esas, que contábamos una y otra vez, y la expresión de mi padre pasaba en un segundo de cara de póquer a iluminarse con la risa. Otra revelación: hasta qué punto las risas forman parte de la pena. La risa está estrechamente ligada a nuestro argot familiar, y ahora nos reímos recordando a mi padre, pero en algún lugar al fondo asoma una bruma de incredulidad. La risa se aleja. La risa se transforma en lágrimas y se transforma en tristeza y se transforma en rabia. No estoy preparada para esta rabia furiosa, desdichada. Ante el infierno del dolor, me descubro inexperta e inmadura. Pero ¿cómo puede ser que por la mañana estuviera bromeando y charlando, y por la noche se hubiera ido para siempre? Fue muy rápido, demasiado rápido. No tendría que haber sucedido así, no como una sorpresa malintencionada, no durante una pandemia que ha cerrado el mundo. Durante el confinamiento, mi padre y yo hablamos de lo extraño que era todo, del miedo que daba, y él me decía a menudo que no me preocupase por mi marido, que es médico. «¿De verdad bebes agua caliente, papá?», le pregunté un día, sorprendida, riéndome de él, después de que me hubiera confesado, con aire algo avergonzado, que había leído en alguna parte que beber agua templada prevenía el coronavirus. Se rio de sí mismo y me contestó que, después de todo, el agua caliente no hacía daño a nadie. No era como los disparates que se popularizaron con el miedo al ébola, cuando la gente se bañaba en solución salina al amanecer. Siempre respondía a mi «¿Qué tal estás, papá?» con un «Enwerom nsogbu chacha». No tengo el más mínimo problema. Estoy perfectamente. Y lo estaba. Hasta que dejó de estarlo.

5

Llegan mensajes y los miro como a través de una neblina. ¿Para quién es este mensaje? «Por la pérdida de tu padre», dice uno. ¿El padre de quién? Mi hermana me transmite un mensaje de una amiga suya que dice que mi padre era humilde pese a sus logros. Empiezan a temblarme los dedos y aparto el teléfono. Mi padre no era; mi padre es. Hay un vídeo de gente entrando en nuestra casa para el *mgbalu*, para dar el pésame, y quiero agarrarlos a todos y echarlos de nuestro salón, donde mi madre ya se ha acomodado en el sofá en una plácida pose de viuda.

Tiene delante una mesa a modo de barrera, para mantener la distancia social. Amigos y parientes ya están diciendo que hay que hacer esto y hacer aquello. Hay que poner un libro de condolencias junto a la puerta principal, así que mi hermana sale a comprar un rollo de encaje blanco para cubrir la mesa y mi hermano compra un cuaderno de tapas duras y al poco la gente se inclina a escribir en él. Pienso: «¡Idos a casa! ¿Por qué venís a nuestra casa a escribir en ese cuaderno extraño? ¿Cómo os atrevéis a hacer que esto sea verdad?». De algún modo, esas personas bienintencionadas se han convertido en cómplices. Siento que respiro un aire que mis propias conspiraciones vuelven agridulce. Me recorren aguijonazos de resentimiento al pensar en personas que tienen más de ochenta y ocho años, que son mayores que mi padre y están vivas y sanas. Mi rabia me asusta, mi miedo me asusta, y en algún lugar también siento vergüenza: ¿por qué siento tanta rabia y tanto miedo? Me da miedo acostarme y despertarme; me da miedo el día de mañana y todos los que le seguirán. Me embarga un pasmo lleno de incredulidad porque el cartero sigue viniendo como siempre y la gente me invita a hablar en sitios y en la pantalla del móvil continúan apareciendo noticias. ¿Cómo es que el mundo sigue adelante, respirando inmutable, mientras mi alma sufre una dispersión permanente?

6

La pena me obliga a mudar de piel, me arranca escamas de los ojos. Lamento certezas pasadas: «Deberías pasar el duelo, hablarlo, encararlo, superarlo». Las certezas petulantes de una persona que todavía no ha conocido una pena profunda. He llorado pérdidas en el pasado, pero solo ahora he tocado el corazón de la pena. Solo ahora aprendo, mientras palpo sus bordes porosos, que no hay forma de atravesarla. Estoy en el centro de este torbellino y me he convertido en una constructora de cajas, dentro de cuyas paredes férreas encierro mis pensamientos. Retuerzo con firmeza mi mente hasta reducirla a su mera superficie. No puedo pensar demasiado, no me atrevo a pensar en profundidad, de lo contrario me derrotaría no solo el dolor, sino un nihilismo asfixiante, un no dejar de pensar que nada tiene sentido, para qué, nada tiene sentido. Quiero que haya un sentido en ello, aun cuando no sepa, por el momento, cuál es ese sentido. Hay cierto consuelo en la negación, dice Chuks, palabras que me repito. Es un refugio, esta negación, este rechazo a mirar. Por supuesto, el esfuerzo conlleva su propio dolor, y por tanto estoy mirando de reojo en la sombra oblicua del mirar, pero imagina la catástrofe de una mirada directa, inquebrantable. A menudo siento también la urgencia de echar a correr, de esconderme. Pero no siempre puedo huir, y cada vez que me veo obligada a enfrentarme a mi dolor –cuando leo el certificado de defunción, cuando preparo el anuncio del fallecimiento– me domina un pánico refulgente. En esos momentos, noto una reacción física curiosa: mi cuerpo se pone a temblar, tamborileo con los dedos incontrolables, balanceo una pierna. Soy incapaz de calmarme hasta que no aparto la mirada. ¿Cómo sigue funcionando la gente en el mundo tras la muerte de un padre querido? Por primera vez en la vida, me aficiono a los somníferos y, en mitad de una ducha o una comida, rompo a llorar.

7

Me deshago para siempre de mi recelo ante los superlativos: el 10 de junio de 2020 fue el peor día de mi vida. Existe el peor día de una vida, y por favor, amado universo, no quiero que nada lo supere jamás. La semana previa al 10 de junio, mientras correteaba jugando con mi hija, me caí y me di un golpe en la cabeza que me produjo una conmoción. Durante días me sentí inestable, me molestaban el ruido y la luz. Dejé de telefonear a mis padres a diario como solía hacer. Cuando por fin los llamé, mi padre quiso hablar no de su malestar, sino de mi cabeza. Me dijo que las conmociones a veces tardan en curarse. «Has dicho "convulsiones ". Se dice "conmoción"», corrigió mi madre de fondo. Ojalá no me hubiera saltado esas pocas llamadas, porque me habría dado cuenta de que no estaba solo un poco achacoso o lo habría intuido si no hubiera resultado evidente, y habría insistido para que acudiera antes al hospital. Ojalá, ojalá. La culpa me corroe el alma. Pienso en todas las cosas que podrían haber pasado y en todas las maneras en que el mundo podría haber cambiado para evitar lo que ocurrió el 10 de junio, para hacer que no hubiera ocurrido. Me preocupa Okey, un alma sensible, incondicional, cuya carga difiere de la nuestra porque él estaba allí. Le atormenta lo que podría haber hecho distinto aquella noche en que mi padre empezó a sentirse mal y le pidió «Ayúdame a sentarme», para luego decir que no, que prefería seguir tumbado. Dice que mi padre rezó tranquilo en voz baja, le pareció que fragmentos del rosario en igbo. ¿Me consuela escuchar esto? Solo en la medida en que debió de reconfortar a mi padre.

La muerte se produjo por complicaciones de un fallo renal. Según el doctor, una infección había exacerbado su enfermedad renal crónica. Pero ¿qué infección? Me pregunto, claro está, si sería coronavirus. Unas semanas antes, unos periodistas lo habían entrevistado en casa a propósito del multimillonario que quería apropiarse de las tierras de nuestro pueblo, una disputa que consumió a mi padre durante los dos últimos años. ¿Podría haber estado expuesto al virus en aquel momento? El médico no lo cree, aunque no le hicieron la prueba, porque habría tenido síntomas y nadie a su alrededor los tuvo. Necesitaba hidratación, así que lo ingresaron en el hospital y le pusieron líquidos por vía intravenosa. Okey cambió las raídas sábanas del hospital por unas que llevó de casa. Al día siguiente, 11 de junio, mi padre tenía cita con el especialista del riñón.

8

Como siempre he querido tanto a mi padre, con tanto fervor, con tanta ternura, en el fondo siempre he temido este día. Pero, confiada por su relativa buena salud, pensé que teníamos tiempo. Pensé que todavía no tocaba. «Estaba seguro de que papá cumpliría los noventa», dice mi hermano Kene. Todos lo estábamos. Quizá también pensábamos, irracionalmente, que su bondad, el ser tan buena gente, lo mantendría con nosotros hasta pasados los noventa años. Pero ¿intuía yo una verdad que al mismo tiempo negaba radicalmente? ¿Lo sabía ya mi alma, por el modo en que la ansiedad clavó sus afiladas garras en mi estómago en cuanto me enteré de que no se encontraba bien, por los dos días de insomnio, y por ese nubarrón amenazador que no lograba identificar ni escampar? Yo soy la Sufridora de la Familia, pero incluso en mi caso era una preocupación extrema, la desesperación con que anhelaba que reabrieran los aeropuertos nigerianos para poder volar a Lagos y de allí a Asaba, y después conducir una hora hasta el pueblo para ver a mi padre por mí misma. De modo que lo sabía. Estaba tan unida a mi padre que lo sabía, sin querer saberlo, sin ser plenamente consciente de saberlo. Algo así, que te aterra desde hace tanto tiempo, por fin sucede, y entre la avalancha de emociones se cuela un alivio amargo e insoportable. Ese alivio llega como una forma de agresión, trae consigo pensamientos de una extraña violencia. Cuidado, enemigos: ha ocurrido lo peor. Mi padre ha muerto. Mi locura va a desatarse.

9

Qué rápido ha cambiado mi vida, qué despiada-
do es el cambio y, sin embargo, con qué lentitud
me adapto. Okey me envía un vídeo de una an-
ciana que sale por la puerta delantera llorando y
pienso: «Tengo que preguntarle a papá quién es
esa mujer». En ese breve momento, lo que ha
sido verdad durante mis cuarenta y dos años de
vida sigue siéndolo: que mi padre es tangible,
inhala, exhala; está a mi alcance para hablar con
él y ver la chispa de su mirada detrás de las gafas.
Entonces, con una sacudida terrible, vuelvo a
acordarme. Ese olvido fugaz me parece una trai-

ción y una bendición. ¿Me olvido porque no estoy allí? Creo que sí. Mi hermano y mi hermana están en Nigeria, enfrentándose a la desolación de una casa sin mi padre. Mi hermana se arrodilla junto a su lecho, llorando. Mi hermano lleva una de sus gorras de repartidor de periódicos, llorando. Ellos pueden ver que no está sentado a la mesa del comedor para desayunar, ni en su silla de espaldas a la luz de la ventana, y que después del desayuno no se acomoda en el sofá para su siesta ritual de media mañana, leyendo y dormitando. Ojalá pudiera estar yo también allí, pero estoy atrapada en América, con una frustración que es como una llaga, rastreando novedades sobre la reapertura de los aeropuertos nigerianos. Ni las autoridades nigerianas parecen saberlo. Un informe pronostica julio, luego agosto, después leemos que quizá en octubre, pero el ministro de Aviación tuitea que «tal vez sea antes de octubre». Puede que sí, puede que no, es como jugar al yoyó con un gato, salvo que lo que aquí está en juego es dejar a personas en el limbo porque no pueden enterrar a sus seres queridos.

10

Evito los pésames. La gente es amable, tiene buenas intenciones, pero saberlo no hace que sus palabras duelan menos. «Desaparición.» Una de las favoritas de los nigerianos, evoca para mí oscuras tergiversaciones. «Ante la desaparición de tu padre.» Detesto «desaparición». «Está descansando» no me aporta consuelo, sino una mofa que dibuja el camino hacia el dolor. Mi padre podría muy bien estar descansando en su habitación de nuestra casa de Abba, con el ventilador moviendo el aire caliente, la cama cubierta de periódicos doblados, un libro de sudokus, un viejo recordatorio de un funeral, un calendario de los Caballeros de San Mulumba, una bolsa llena con frascos de medicinas y sus libretas de páginas cuidadosamente pautadas donde anotaba cada cosa que comía, el registro de un diabético. «Está en un lugar mejor» asombra por su presuntuosidad y tiene algo de inapropiado. ¿Cómo vas a saberlo tú? ¿Acaso no debería ser yo, la que ha perdido a su padre, quien tuviera antes acceso a esa información? ¿De verdad debo enterarme por ti? «Tenía ochenta y ocho años» irrita profundamente porque la edad no es relevante para el dolor: no se trata de lo viejo que era, sino de cuánto lo queríamos. Sí, tenía ochenta y ocho años, pero ahora de repente se abre un cataclismo en tu vida, te arrebatan una parte de ti para siempre. «Ha pasado, así que celebremos su vida», escribió un viejo amigo, y me indigné. Qué fácil pontificar sobre la permanencia de la muerte cuando, de hecho, es la permanencia misma de la muerte la fuente de la angustia. Ahora me estremecen las palabras que les dije en el pasado a amigos en duelo. «Busca consuelo en tus recuerdos», solía decirles. Que te arranquen el amor, sobre todo de manera inesperada, y que luego te digan que recurras a los recuerdos. Más que auxilio, los recuerdos me traen elocuentes puñaladas de dolor que dicen: «Esto es lo que nunca más volverás a tener». A veces me provocan risas, pero risas como rescoldos que enseguida vuelven a arder por el dolor. Espero que sea cuestión de tiempo; que sencillamente sea demasiado pronto, que sea terriblemente reciente para esperar que los recuerdos sirvan solo de bálsamo.

Lo que no me parece un hurgar deliberado en las heridas es un simple «Lo siento», porque en su banalidad no implica nada. *Ndo*, en igbo, me conforta más, una palabra que es «Lo siento» con un peso metafísico, una palabra que abarca más que el mero «Lo siento». Los recuerdos concretos y sinceros de quienes le conocieron son mi mayor consuelo y me conforta que se repitan las mismas palabras: «honesto», «sereno», «amable», «fuerte», «callado», «sencillo», «tranquilo», «integridad». Mi madre me cuenta que la ha llamado Ayogu para decirle que mi padre fue el único jefe que «nunca le dio el menor problema». Me acuerdo de Ayogu, alto con maneras gentiles, el chófer de mi padre cuando era vicerrector adjunto de la Universidad de Nigeria, en la década de 1980. ¿Fue acerca de Ayogu o del otro chófer, Kevin, el activista encantador, acerca de quien una vez mi padre me dijo tranquilamente, cuando yo, con la altivez de una niña de siete años, quise que me llevara en coche al colegio: «Es mi chófer, no el tuyo»?

11

La pena no es diáfana; es sólida, opresiva, una cosa opaca. Pesa más por las mañanas, después de dormir: un corazón plomizo, una realidad terca que se niega a moverse. No volveré a ver a mi padre. Nunca más. Es como si me despertara solo para hundirme cada vez más. En tales momentos estoy segura de que no quiero volver a enfrentarme al mundo. Hace años, tras un fallecimiento, un pariente dijo con convicción: «Su mujer no puede estar sola», y pensé: «Pero ¿y si quiere estar sola?». Valoro la manera igbo, la forma africana, de lidiar con la pena: el duelo hacia fuera, expresivo, performativo, donde contestas a todas las llamadas y cuentas una y otra vez lo que ha pasado, donde el aislamiento es anatema y «Para de llorar» la cantinela. Pero no estoy preparada. Hablo solo con mi familia más cercana. Este retraimiento es instintivo. Imagino la confusión de algunos parientes, su crítica incluso, ante esta retirada, ante las llamadas sin contestar, ante los mensajes sin leer. Tal vez les parezca un capricho desconcertante o una afectación de la fama, o ambas cosas. En verdad, al principio es una postura protectora, un encogerme ante el dolor, porque estoy agotada de llorar, y hablar de ello significaría ponerme a llorar de nuevo. Pero también es porque quiero estar a solas con mi pena. Quiero proteger —¿esconder?, ¿esconderme de ellas?— estas sensaciones extrañas, esta serie apabullante de colinas y valles. Está la desesperación por deshacerme de esta carga, y también un anhelo enfrentado de mimarla, de abrazarla. ¿Es posible volverse posesiva con el propio dolor? Quiero llegar a conocerlo, quiero que me conozca. El vínculo con mi padre me era tan preciado que no puedo exponer mi sufrimiento hasta que haya delimitado su contorno. Un día estoy en el cuarto de baño, completamente sola, y llamo a mi padre por el mote cariñoso que usaba con él —«el *dada* original»— y me envuelve un fugaz manto de paz. Demasiado breve. Soy una persona que recela de la sensiblería, pero no dudo de este momento con mi padre. Si es una alucinación, entonces quiero más, pero no ha vuelto a ocurrir.

12

La ropa de invierno de mis padres cuelga en el armario del cuarto de invitados que mi hija llama «la habitación de los abuelos». Toco la voluminosa chaqueta verde oliva de mi padre. En el cajón están sus mapas de Maryland, igual que guarda mapas de Nueva Inglaterra en un cajón de la casa de mi hermana en Connecticut. Durante los meses que mis padres pasaban al año en Estados Unidos, él solía estudiar sus queridos mapas —los límites entre estados, qué quedaba al norte y al sur de qué— y trazaba cada trayecto, incluso las salidas a almorzar. Escenas de la última visita de mi padre: recorre de arriba abajo el camino de entrada, su ejercicio matutino, no tan enérgico como antes (redujo considerablemente el ritmo de su caminata diaria hacia los ochenta y cuatro años), y ha decidido llevar la cuenta con piedras, de modo que nos encontramos un montón de piedras junto a la puerta de casa. Coge galletas de la alacena, despreocupadamente ajeno al rastro de migas que deja. Está de pie ante el televisor, su código cifrado para pedir que nos callemos todos, viendo a Rachel Maddow, a quien califica de «brillante», mientras sacude la cabeza ante el embrollo en que se ha convertido América.

13

.

Releo *Biography of Nigeria's Foremost Professor of Statistics, Prof. James Nwoye Adichie*, su biografía escrita por el profesor emérito Alex Animalu, el profesor Peter I. Uche y Jeff Unaegbu, publicada en 2013, tres años antes de que nombraran a mi padre profesor emérito de la Universidad de Nigeria. Es una impresión irregular, con las páginas ligeramente torcidas, pero me invade una eufórica oleada de gratitud hacia los autores. ¿Por qué esta frase, «Los niños y yo lo adoramos», del homenaje de mi madre en el libro me alivia tanto? ¿Por qué me resulta tranquilizadora y profética? Me gusta que exista, fijada para siempre por escrito. Rebusco en el estudio cartas viejas que mi padre me envió desde Nigeria cuando vine por primera vez a Estados Unidos a estudiar en la universidad, y cuando las encuentro mirar su caligrafía es un gesto de intenso patetismo. Su letra cuenta su historia, la caligrafía redondeada de cierto tipo de educación africana colonial, prudente y correcta, amante del latín y obediente de las normas. *Nnem ochie*, me llamaba. Mi abuela. Siempre concluía con «Tu papá» y la firma. Firmaba hasta las felicitaciones de cumpleaños, cosa que nos hacía reír a mis hermanos y a mí. «No es una circular de la universidad, papá —le decíamos—; no hace falta que la firmes.» Busco por todas partes un trozo de papel donde me dibujó el árbol genealógico de nuestra familia, remontándose cuatro generaciones, pero no logro encontrarlo, y el hecho de no dar con él me aflige durante semanas, abro cajas y archivos, aparto papeles a un lado y a otro.

Miro fotografías viejas, y de vez en cuando el llanto se apodera de todo mi cuerpo. Mi padre solía aparecer muy rígido en las fotos porque creció pensando que la fotografía era un suceso raro y formal para el que te vestías elegante y te sentabas, incómodo, ante un hombre con un trípode. «Relájate, papá. Sonríe, papá.» A veces yo probaba a pellizcarle en el cuello. Hay una foto que recuerdo haberle tomado. Está en nuestra desordenada mesa de Nsukka, en la casa del campus de la Universidad de Nigeria donde me crie, sentado en su silla, cerca de la silla que era de mi madre. Allí comenzó nuestro ritual de frotarle la cabeza. Yo estudiaba secundaria cuando empezó a quedarse calvo, y me acercaba por detrás en la mesa del comedor y le frotaba la calva, y él, sin interrumpir lo que estuviera diciendo, me apartaba la mano con un suave manotazo.

Veo vídeos, guardados en mi ordenador, que me parecen revelaciones porque no los recuerdo, aun cuando algunos los grabé yo. Estamos desayunando en mi casa de Lagos y finjo ser una periodista nigeriana que le pregunta por cómo cortejó a mi madre, mientras él me ignora con una sonrisita en la cara. Estamos en la casa de Abba, y mi hija, que tiene tres años, llora porque quiere saltarse el desayuno para jugar, y mi padre la abraza y le dice a la niñera que retire la comida y deje jugar a la niña.

14

En mi estudio, encuentro sus viejos libros de sudokus, las casillas rellenadas con sus números, firmes y confiados, y nos recuerdo hace unos años yendo en coche a una librería de Maryland para comprarlos. Me compró uno para que probara porque «es muy bueno», pero ya el primer problema me hizo revivir mi odio a las matemáticas. Me acordé de mi padre ayudándome antes del examen final de bachillerato, y cómo me animó cuando me atasqué en una larga ecuación: «Sí, vas bien así. No dudes de ti misma. No pares». ¿Es por eso por lo que ahora creo que siempre hay que intentarlo? Por supuesto, es demasiado fácil trazar líneas causales simples. Fue todo su ser el que me formó, pero también esos pequeños episodios, uno tras otro.

Una vez, en el instituto, mis amigas y yo fuimos a consultarle un problema al tímido profesor nuevo de matemáticas, el señor O, quien, al echar un vistazo al espinoso problema, se apresuró a decir que iba a por su tabla de cuatro cifras, a pesar de que el problema no la requería. Salió de su despacho en medio del malicioso y regocijado bullicio adolescente. Yo se lo conté a mi padre confiando en hacerle reír. Pero no se rio. «Ese hombre no es buen maestro, no porque no supiera resolver el problema, sino porque no lo ha admitido.» ¿Es así como me he convertido en una persona lo bastante segura para decir no lo sé cuando no sé algo? Mi padre me enseñó que nunca se acaba de aprender. No tenía la arrogancia de muchos padres igbo de su generación, ese derecho a exigir el tiempo, el dinero y el esfuerzo de sus hijos… que sospecho que de todos modos nos habría perdonado. Pero que respetara tanto nuestros límites y agradeciera tanto los detalles más pequeños no tenía precio.

Yo a menudo lo saludaba con su título, *Odelu-Ora Abba*, cuya traducción literal es «El que escribe para nuestra comunidad». Y él a mí también, y su saludo era una letanía de afirmación impregnada de amor. El más habitual era *Ome Ife Ukwu*, «La que hace grandes cosas». Me cuesta traducir los otros: *Nwoke Neli* viene a ser «La que vale por muchos hombres», y *Ogbata Ogu Ebie* es «Aquella cuya llegada pone fin a la batalla». ¿Es mi padre la razón por la que nunca he temido la desaprobación masculina? Creo que sí.

15

Nadie se esperaba la pasión con la que mi padre, para fastidio de mi madre, se aficionó a los sudokus después de jubilarse.

–No come –decía mi madre–, porque está muy ocupado jugando a los sudokus.

–Al sudoku no se juega –replicaba mi padre con delicadeza–. No es como el Ludo.

Y yo bromeaba:

–James y Grace, a la greña desde 1963.

Las primeras palabras de mi madre, cuando Okey entró en su habitación la noche del 10 de junio y encendió la luz para decírselo, fueron:

«¿Cómo puede ser?». La manera nigeriana de decir: «No puede ser, es imposible, eso no puede ser». Y luego añadió las palabras que se grabaron a fuego en nuestros corazones en aquella llamada de Zoom: «Pero si no me ha dicho nada». Porque mi padre se lo habría dicho. Eran así. Si mi padre iba a dejarnos para siempre se lo habría dicho, así que el hecho de que no se lo hubiera dicho significaba que no podía ser verdad. Mi madre había estado en el hospital hasta unas horas antes, cuando había vuelto a casa para dormir un poco antes de regresar para acudir a la visita con el especialista en Onitsha. «Si ya he cogido su suéter por si tiene frío», dijo mi madre.

La historia de su noviazgo me encandiló. Comenzaba en una granja en 1960, sin que ninguno de los dos estuviera presente. Un pariente de mi padre alardeaba del joven brillante que había empezado a dar clases en la universidad y buscaba una esposa culta. Un pariente de mi madre la describió como culta y guapa, bella como una garceta. ¡Bella como una garceta! *O na-enwu ka ugbana!* Otra broma familiar recurrente.

«¿O sea que simplemente te fuiste en coche a una ciudad que no conocías para "ver" a una chica de la que te habían hablado?», bromeaba yo a menudo con mi padre. Pero así era como se hacían las cosas en aquellos tiempos. A mi madre le gustó la calma de mi padre. Ante la resistencia inicial de su familia, porque mi padre no era tan rico ni ostentoso como sus otros pretendientes, repuso que no pensaba casarse con ningún otro. Yo le llamaba DOS, siglas en inglés de Defensor de la Esposa, por cómo se aprestaba a apoyar siempre a mi madre. Una tarde, cuando mi madre era subsecretaria de admisiones —más tarde se convertiría en la primera secretaria de admisiones de la Universidad de Nigeria—, mi padre llegó a casa muy alegre, riéndose mientras se aflojaba la corbata, henchido de orgullo por el discurso que había dado mi madre ante el rectorado. «Mamá ha estado fantástica», nos dijo a mis hermanos y a mí.

16

Okey me cuenta que esa noche se guardó el reloj de papá en el bolsillo, y me manda una foto del reloj de plata con esfera azul que Kene le regaló hace unos años. Nos hizo gracia que mi padre se lo pusiera nada más recibirlo; a menudo le comprábamos cosas que nunca utilizaba porque, decía, su camisa de 1970 o sus zapatos de 1985 seguían en perfecto estado. No paro de mirar la foto del reloj, un día tras otro, como si fuera un peregrinaje. Lo recuerdo en la muñeca de mi padre y lo recuerdo a él consultándolo a menudo. Es una imagen arquetípica de mi padre, su rostro inclinado sobre el reloj, mirando la hora, porque era un hombre hiperpuntual; para él, ser puntual era casi un imperativo moral.

La infancia fue mi padre esperando abajo las mañanas de los domingos, listo para ir a misa una hora antes que todos los demás, yendo de un lado a otro para meternos prisa. En aquellos años, me parecía alguien remoto. Mi madre era el progenitor cálido, accesible, y mi padre el hombre que escribía estadísticas y hablaba solo en el despacho. Me sentía vagamente orgullosa de él. Tal vez no supiera que era el profesor de estadística más importante de Nigeria, pero sabía que había conseguido la plaza de titular mucho antes que los padres de mis amigos, porque había un niño en el colegio que me llamaba *Nwa Professor*, la Niña del Profesor. Al final de la adolescencia comencé a verlo como era, a ver cuánto nos parecíamos en ser curiosos y en nuestro espíritu hogareño, y comencé a hablar con él, y a adorarle. Qué exquisita su atención, qué interés, qué bien escuchaba. Si le contaba cualquier cosa, la recordaba. Su humor, siempre seco, se refinó deliciosamente con los años.

17

Mi mejor amiga, Uju, me cuenta que al final de mi discurso para el Harvard Class Day, en 2018, mi padre se dirigió a ella y, con una voz apagada que todavía le confería más fuerza, le dijo: «Mira, se han puesto todos en pie por ella». Me hace llorar. Parte de la tiranía de la pena es que te priva de recordar las cosas que importan. El orgullo que mi padre sentía por mí importaba, más que el de ninguna otra persona. Mi padre leía todo lo que yo escribía, y sus comentarios abarcaban desde «Esto no tiene la menor coherencia» a «Te has superado». Cada vez que me iba de viaje para dar alguna charla o conferencia, le enviaba mi itinerario y él me mandaba mensajes que seguían mi recorrido. «Debes de estar a punto de salir al escenario —me escribía—. Sal y lúcete. *Ome ife ukwu!*» Una vez, cuando partía hacia Dinamarca y después de desearme un buen viaje, añadió con su estilo inexpresivo: «Y cuando llegues a Dinamarca, busca la casa de Hamlet».

18

«¡Deberías casarte con tu padre!», me decía a
menudo mi prima Oge, fingiéndose exaspera-
da, quizá porque una de las cosas que más me
gustaban en el mundo era pasar tiempo con mi
padre. Sentarme con él y hablar sobre el pasado
era como recuperar un tesoro maravilloso que
en realidad siempre me había pertenecido. Me
hablaba de mis ancestros con historias primoro-
samente esbozadas. Yo le adoraba no solo a la
manera clásica en que una niña adora a su padre,
sino que además me caía muy bien. Me gustaba.
Me gustaban su gracia y su sabiduría y su sen-

cillez, y que resultara tan difícil impresionarle. Me gustaba su fe moderada, luminosa, firme pero llevada con naturalidad. Si querías que mi padre pasara el fin de semana en alguna parte, tenías que localizar la iglesia católica más cercana. Cuando me mudé a Maryland, me inquietaba que el San Juan Evangelista, un centro interconfesional de Columbia con un coro de guitarristas, le desagradara porque no se parecía en nada a su catolicismo de vidrieras de colores, pero consideró que el cura era «muy bueno» y acudió feliz todos los domingos. Me gustaba que respondiera al poder con desinterés. Mi padre adoraba la integridad. Se mostraba indiferente, cuando no receloso, ante la ostentación.

«Tengo ocho coches», alardeó una vez un pretendiente adinerado de mi hermana, y mi padre le contestó: «¿Por qué?».

No era materialista, lo cual no tendría nada

de especial de no haber sido un nigeriano que vivía en Nigeria, donde dominan los cerriles valores de la avaricia y la codicia sin límite. Nos asolan en grados diversos, pero solo mi padre era completamente inmune. Me gustaba su sentido del deber. Había en su naturaleza algo amplio, un espíritu capaz de ensancharse; asumía las malas noticias; negociaba, pactaba, tomaba decisiones, establecía normas, mantenía unidos a los parientes. En gran medida era el resultado de ser el primogénito de una familia igbo y haber estado a la altura de todas las expectativas y exoneraciones que conlleva. Daba sentido a las descripciones más simples: un buen hombre, un buen padre. Me gustaba llamarle «un hombre gentil y un gentilhombre».

También me gustaba que supiera apreciar la corrección y pulcritud de las cosas. La meticulosidad de sus registros, las filas de carpetas de su archivador. Cada hijo tenía carpetas para los documentos de primaria, secundaria y la universidad, y cada una de las asistentas que había pasado por casa tenía su dossier. Una vez, mientras estábamos viendo las noticias estadounidenses, se volvió hacia mí y me preguntó: «¿Qué significa la palabra *nuke*?». Y cuando se lo expliqué, replicó: «Las armas nucleares son algo demasiado serio para ponerle mote».

«Cuando estás con tu padre tienes una risa particular –me comenta mi marido–, incluso cuando lo que dice no es gracioso.» Reconozco la risa aguda que imita, y sé que no se trata tanto de lo que dice mi padre como del mero hecho de estar con él. Una risa que nunca volveré a reír. «Nunca» ha llegado para quedarse. «Nunca» parece un castigo demasiado injusto. Durante el resto de mi vida, viviré tratando de alcanzar cosas que ya no existen.

19

Las pasadas navidades, en la fiesta de inauguración de la casa de campo de mi hermana Ijeoma, mi padre fue el patriarca y el centro de atención, sentado en medio del salón, bendiciendo la nuez de cola, sorbiendo un poco de champán a pesar de que apenas bebía, y contando anécdotas. Los parientes llegaban y pasaban directos a presentarle sus respetos. En algún momento de la tarde mi padre recibió un WhatsApp, pero no dijo nada hasta que regresamos a casa, por la noche. Me pasó el teléfono y dijo:

«Lee esto. Por lo visto ese hombre se ha vuelto loco».

«Ese hombre» era el multimillonario que pretendía apoderarse de una vasta extensión de las tierras de nuestros ancestros en mi pueblo natal, Abba. La tierra es la joya de la cosmología igbo, y su propiedad suele tener que ver con viejas historias: el abuelo de qué abuelo la trabajó, qué clan migró y qué clan era indígena. La tierra también es la espina de numerosas disputas; conozco familias extensas destrozadas por peleas a causa de un pedazo de tierra demasiado pequeño para aparcar un coche. La gente de Abba llevaba décadas trabajando las tierras en cuestión, pero al final de la guerra de Biafra, con todo el territorio igbo sumido en el caos, desaparecido el viejo orden y por establecer aún el nuevo, la población vecina de pronto las reclamó. Abba acudió a los tribunales y el caso lleva años empantanado. Muchos en Abba creían que el multimillonario estaba detrás de varios arrestos y detenciones arbitrarios de aldeanos, acciones que pretendían asustarlos para que renunciasen a las tierras. Demolieron un mercado. Derribaron muros de recintos. (El hermano de aquel hombre rebatió las acusaciones en una entrevista en *The Guardian*.) En Abba nadie tenía los medios ni los contactos políticos del multimillonario, pero había un empresario sin pelos en la lengua, Ikemba Njikoka, que financiaba los gastos legales de mi pueblo y denunciaba públicamente la conducta de aquel hombre. Recibió amenazas. El mensaje de WhatsApp del móvil de mi padre lo había reenviado Ikemba Njikoka, y en él decía «van a arrestarte» en la asamblea municipal del fin de semana.

Mi padre, que no domina WhatsApp, no se dio cuenta de que era un mensaje reenviado y pensó que iban a detenerlo a él. Por eso llevaba preocupado todo el día.

—Tendrías que haber dicho algo antes, papá —le dije.

—No quería estropearle el día a Ijeoma.

Me enfurece que las acciones de un supuesto e insignificante filántropo sin escrúpulos, ebrio del dinero del petróleo, nublaran los últimos meses de mi padre. Me enfurece cuánto me preocupaba la seguridad de mis padres, sobre todo a finales de 2019, cuando el multimillonario emprendió una campaña descarada contra mi pueblo. «Está mal», solía quejarse mi padre, con un estremecimiento moral, como si le resultara inconcebible que un nigeriano rico actuara de esa manera. Al igual que cuando se trataba de poner en tela de juicio la negligencia profesional —un fenómeno tan común en Nigeria que resulta hasta normal—, cada ejemplo del que se enteraba mi padre le horrorizaba. Tenía una especie de candor, la inocencia de los justos. Cuando mis hermanos y yo le dimos una sorpresa el día de su ochenta cumpleaños presentándonos en el piso de mis padres en Nsukka procedentes de Estados Unidos y Reino Unido, no paró de mirar a mi madre, desconcertado, porque había sido capaz de «mentirle».

—Me has dicho que venían unos amigos. No me has dicho que venían los chicos.

—No, papá: no podía decírtelo. Eso es lo que tienen las sorpresas.

20

«Mamá está triste porque el abuelo se ha muerto», le dice mi hija de cuatro años a su primo. «Muerto.» Conoce la palabra «muerto». Saca pañuelos de papel de una caja y me los tiende. Su actitud alerta ante mis emociones me conmueve, me sorprende, me impresiona. Unos días después pregunta: «¿Cuándo se despertará el abuelo?».

Lloro y lloro, y desearía que mi hija comprendiera la realidad del mundo. Que la pena no fuera por la absoluta imposibilidad de un regreso.

Una mañana estoy viendo un vídeo de mi padre en el teléfono, y mi hija echa un vistazo a la pantalla y luego se apresura a taparme los ojos con las manos.

—No quiero que veas el vídeo del abuelo porque no quiero que llores —dice.

Vigila con ojo avizor mis lágrimas.

—¿Te acordarás siempre de cómo te llamaba el abuelo? —le pregunto.

—Sí, mamá. *Ezigbo nwa* —contesta. «Buena niña», una traducción que resulta más imprecisa por ser literal.

Le contaré a mi hija cuánto disfrutaba mi padre con ella, la octava de sus nietos; cuánto le complacía que la educáramos en el bilingüismo; cómo bromeábamos mi marido y yo diciendo que el abuelo nos castigaría si la hacíamos enfadar. Una escena de los primeros meses de mi hija: mi padre corre escaleras arriba mientras la niña, a la que está cuidando mi madre, berrea en la planta de abajo. Lo han mandado a por el chupete, cuyo nombre no recuerda, así que se toca la boca con gestos apremiantes y me pide: «¡El tapón de la boca!». Unos meses más tarde, el aprendizaje de mi hija ha superado el hito del pipí, y ahora la hemos engatusado para que se siente en el orinal y haga algo más que pipí, ante un público embelesado de familiares que la observan, y mi padre entra y pregunta sin más: «¿Alguno de vosotros podría con tanta gente mirando?».

21

Los mandatos de la cultura igbo, este salto inmediato desde el dolor a la planificación. El otro día mi padre nos hablaba por Zoom y hoy, en otra llamada por Zoom, se supone que debemos hacer planes. Planear significa apaciguar los egos de la iglesia y los grupos tradicionales y fijar una fecha aprobada por todos para el entierro, que no puede coincidir con el Festival del Nuevo Ñame ni con ninguna otra ceremonia de la comunidad, y que tiene que caer en viernes, porque el párroco solo entierra a los ancianos los viernes. Pero lo más importante es la «liquidación», eso que llaman en inglés *clearance*. La liquidación da fe de lo fuerte y profundamente que persiste la cultura comunitaria igbo. Implica pagar todas las cuotas pendientes al grado de edad, a la asamblea local, al pueblo, al clan, el *umunna*; de lo contrario, boicotearán el funeral. Hacer el vacío a un funeral supone una amenaza grave. Para la mayoría de los igbos, al menos para los de la generación de mi padre, verse privados de un funeral como es debido despierta un miedo casi existencial. Es habitual oír historias de familias en duelo indignadas por la manipulación de los grupos del pueblo, que piden dinero aprovechando su única ocasión para ejercer un mínimo poder. Mi padre era cumplidor, de modo que Okey se dedica a buscar todos los recibos. Las listas de lo que cada grupo espera de nosotros son largas: los grados de edad, la *umuada*, la asociación tradicional de mujeres del pueblo, los grupos católicos, el consejo de jefes, los miembros del cuerpo de vigilancia que protege la aldea. Cuántas arroceras se necesitarán, si se ofrecerá un pollo o una cabra, cuántas cajas de cerveza. Miro las listas con recelo. No es una puñetera fiesta. Me da igual cómo vayamos vestidos, o lo que cocine el servicio de comidas, o qué grupos vengan y cuáles dejen de venir, porque yo sigo hundiéndome. Pero tiene que importarme; a mi padre le importaban esas cosas. «Piensa en lo que habría querido papá», me dice mi hermano Chuks para confortarme.

Mi abuelo murió en la guerra de Biafra, en un campo de refugiados, enterrado en una tumba anónima, y una de las primeras cosas que hizo mi padre tras la guerra fue organizarle una ceremonia fúnebre. Y por eso trato de recordarme que a mi padre le habría gustado hacer las cosas según la costumbre. Cuando nacieron mis hermanas Ijeoma y Uche, durante la estancia de mi padre en Berkeley en los años sesenta, mis padres decidieron hablarles solo en igbo. «Sabíamos que aprenderían inglés y no podíamos imaginar que nuestras hijas no hablaran nuestra lengua», me explicó mi padre. Mis hermanos y yo crecimos con un fuerte sentimiento de ser igbos y, si era orgullo, entonces era un orgullo tan orgánico, tan inevitable, que no necesitaba llamarse orgullo. Simplemente éramos igbos. Hay mucha belleza en la cultura igbo, y también mucho sobre lo que discrepo, y no es el carácter festivo de los funerales igbos lo que me desagrada, sino lo pronto que se celebran. Necesito tiempo. De momento, quiero sobriedad. Una amiga me manda una cita de una novela mía: «La pena era una celebración del amor, quienes sentían auténtica pena habían tenido la suerte de amar». Qué extraño que me resulte exquisitamente doloroso leer mis propias palabras.

22

En las conversaciones por Zoom, sin preparación ni información sobre las cuestiones prácticas, perdemos los nervios. También fallamos emocionalmente. Hemos tenido tanta suerte, de ser felices, de vivir protegidos en una unidad familiar intacta, segura, que ahora no sabemos qué hacer con esta ruptura. Hasta ahora, la pena era de otros. ¿Quizá el amor, aunque sea inconscientemente, conlleva la arrogancia engañosa de creerse a salvo de la pena? Trastabillamos; pasamos de una alegría forzada y extrema a una actitud pasivo-agresiva, a discutir por dónde se servirá a los invitados. La felicidad se convierte en una debilidad porque te deja indefenso frente al dolor. Una prueba del carácter de mis padres es que cada uno de sus seis hijos nos sentimos conocidos y queridos de manera individual, íntima. Y por tanto nuestros duelos difieren. Sin embargo, «los duelos difieren» es fácil de entender para el intelecto, pero al corazón le cuesta mucho más. He llegado a temer las llamadas por Zoom, envueltas en un manto de sombra. La forma de la familia ha cambiado para siempre, y nada lo evidencia de modo más doloroso que deslizarse por la pantalla del móvil y no ver ya el recuadro con la palabra «Papá».

Mi madre dice que algunas viudas han ido a verla para explicarle lo que dicta la costumbre. Primero, la viuda se afeitará la cabeza... y, antes de que pueda seguir, mis hermanos se apresuran a decirle que eso es ridículo y que no puede ser.

Yo añado que nadie les afeita la cabeza a los hombres cuando muere su mujer; nadie les obliga a comer platos sencillos durante días; nadie espera que el cuerpo del hombre lleve impresa la huella de su pérdida. Pero mi madre insiste en que quiere hacerlo todo: «Haré todo lo que hay que hacer. Lo haré por papá».

23

Imagina temer un entierro y no obstante anhelar que pase. Hemos acordado una fecha, el 4 de septiembre, y el obispo se ha avenido amablemente a oficiar la misa. Será una ceremonia conforme a los protocolos Covid: se exigirá mascarilla y los invitados serán recibidos en casas de varios vecinos para respetar las normas del distanciamiento social. Yo tengo que redactar la invitación. Me resulta imposible escribir «funeral». Lo teclea mi amiga Uju, porque al principio yo no puedo. Pero un día antes de imprimir las invitaciones, corren rumores de que los aeropuertos nigerianos ya no abrirán en agosto. La noticia no está confirmada, incluso las informaciones más básicas están descoordinadas, y resulta todo mucho más confuso porque en los países vecinos los aeropuertos están operativos. Nigeria, como de costumbre, hace las cosas más complicadas de lo que ya son. La incompetencia es iridiscente, expansiva, lo toca y lo mancha todo con su malévolo brillo de múltiples haces. La decepción con mi tierra natal ha sido una constante en mi vida, pero esta animosidad tan áspera es nueva. Solo en otra ocasión había sentido algo similar: cuando, en 2015, secuestraron a mi padre un grupo de hombres compinchados con su chófer, quien le dijo que le pidiera a su famosa hija que pagara el rescate. De los individuos que lo metieron en el maletero de un coche y lo abandonaron durante tres días en el bosque, solo han detenido al chófer. Jamás he agradecido tanto la doble ciudadanía nigeriano-estadounidense de mi padre, obtenida gracias a mis hermanas mayores, que nacieron en Estados Unidos. El gobierno nigeriano apenas hizo nada, mientras que el embajador estadounidense nos llamó y envió a un asesor y a un amable detective que aconsejaron a mi madre cómo tratar con los secuestradores. Y después de que Okey depositara una bolsa llena de dinero bajo un árbol en una zona remota, liberaron a mi padre, afectado pero sereno, de nuevo con esa capacidad suya para asumirlo todo.

«Pronunciaban mal tu nombre, así que tuve que corregirles», me contó. Solo pareció visiblemente enfadado cuando nos contó que los secuestradores le habían dicho: «Tus hijos no te quieren», y él les había respondido: «No digáis eso, no es verdad, no digáis eso de mis hijos». Después del secuestro, mi padre dijo que no podía seguir viviendo en Nsukka; quiso volver a «la aldea», nuestro hogar ancestral en Abba.

«No quiero volver a pisar esa carretera», decía refiriéndose al camino lleno de baches donde los secuestradores le salieron al paso y donde el chófer, fingiéndose sorprendido, había detenido el vehículo. El secuestro despertó en mi padre una vulnerabilidad nueva, una vulnerabilidad que estaba dispuesto a mostrar, que ablandó su caparazón. Esa vulnerabilidad también trajo consigo una testarudez de anciano y algunos momentos de cascarrabias, que a veces nos irritaban pero sobre todo nos divertían.

Así que el 4 de septiembre no puede ser. El gobierno nigeriano anuncia que reabrirá los aeropuertos a finales de agosto, y mi madre vuelve a la iglesia para acordar una fecha nueva. Ahora es el 9 de octubre. Al día siguiente, un periódico nigeriano informa de que el gobierno ha dicho que la reapertura no es segura: puede que abran, puede que no. Mi madre se desespera tratando de confirmar una fecha. «Después del entierro podremos empezar a superarlo», dice. Me duele en el alma verla tan valiente y agotada.

24

La espera, el no saber. En todo el sudeste nigeriano, las morgues están llenas porque el coronavirus ha obligado a retrasar los funerales. No importa que esta funeraria esté considerada la mejor del estado de Anambra. Aun así, tienes que ir a menudo para darles propina a los empleados; se cuentan historias terribles sobre seres queridos que salen de la funeraria con un aspecto irreconocible. Okey va cada semana a controlar la situación y regresa muy afectado. Es como si cada semana volviera a presenciar esa transubstanciación tan indeseada. Yo tengo que armarme de valor para escucharlo. O no quiero escucharlo. «¿Y si dejas de ir? —le sugiero—. Haz que vaya alguien que no sea tan cercano.» Y Okey responde: «Iré cada semana hasta que consigamos que descanse en paz. Papá haría lo mismo por cualquiera de nosotros».

25

Una noche mi padre regresa en un sueño muy vívido. Está sentado en su sofá de costumbre en el salón de Abba, que luego, en un momento dado, se transforma en el salón de Nsukka. El hospital cometió un error. ¿Y las visitas de mi hermano Okey a la funeraria? Otro caso de error en la identificación. Estoy exultante, pero me preocupa que se trate solo de un sueño, así que, en el sueño, me doy una palmada en el brazo para asegurarme de que no es un sueño, y de que mi padre sigue allí sentado, charlando tranquilamente. Me despierto con una pena tan frustrante que me inunda los pulmones. ¿Cómo tu propio inconsciente puede volverse contra ti con tanta crueldad?

26

Mi madre me cuenta una anécdota sobre mi padre cuando vivíamos en la casa universitaria de Nsukka en los años ochenta: sale de un salto de la bañera y se dirige corriendo, todavía mojado, a su despacho, porque por fin ha encontrado la solución a un problema. Mi padre adoraba el mundo académico, pero no su política. «Cuando me nombraron vicerrector adjunto —me contó—, no veía el momento de olvidarme de todas las disputas y volver a la enseñanza.» Estudió matemáticas en Ibadan, la universidad más prestigiosa de Nigeria, por entonces adscrita a la Universidad de Londres, y cuando fue a Berkeley para doctorarse en estadística con una beca de la USAID, sintió que su formación británica no encajaba con el estilo académico americano. Le asaltaron las dudas. Decidió que abandonaría el programa y regresaría a Nigeria, pero su consejero, Eric Lehmann, le animó a seguir diciéndole que él también había llegado a Estados Unidos con una formación británica. «Era un hombre amabilísimo», recordaba a menudo mi padre, una persona amable que reconocía y admiraba a otra. En una ocasión, Lehmann invitó a mis padres a cenar en su casa. Ellos se pusieron la *abada* nigeriana, y por el camino un niño pequeño señaló a mi padre y dijo: «Qué ropa más divertida lleva». Una anécdota que décadas después seguía haciéndole mucha gracia.

Mi padre regresó a Nigeria con mi madre y mis hermanas poco antes de que estallara la guerra de Biafra. En esa guerra, los soldados nigerianos quemaron todos sus libros. Montones de páginas calcinadas se apilaban en el jardín delantero de mis padres, donde antes crecían las rosas. Sus colegas americanos le enviaron libros para reemplazar a los que había perdido; le enviaron incluso las librerías. Recuerdo a mi padre contándome cuánto admiraba al gran matemático afroamericano David Blackwell, y en mi novela *Medio sol amarillo* un personaje que ha perdido todos sus libros durante la guerra de Biafra recibe libros nuevos de América con la siguiente nota: «Para un colega al que la guerra le ha robado todo, de los admiradores de David Blackwell en la hermandad de matemáticos». Ahora no recuerdo si me inventé esa frase o si mi padre había recibido una nota parecida. Quizá la inventé, conmovida por la imagen de todos esos académicos estadounidenses reunidos para ayudar a mi padre, un colega víctima de la guerra.

En 1984, mi padre dio clases durante un año en la Universidad Estatal de San Diego, y siempre hablaba con cariño de su amigo Chuck Bell, un académico afroamericano que le ayudó a aclimatarse. Un día, contaba, Chuck Bell abrió la nevera del apartamento de mi padre para coger algo de beber, vio una caja de huevos y chilló: «¡Jim!». Mi padre, sobresaltado, le preguntó qué ocurría y Chuck Bell le contestó: «No comas huevos. Te matarán… tienen demasiado colesterol. Tíralos inmediatamente».

Mi padre relataba la anécdota con ironía, como diciendo: «¡De todas las cosas que pueden recomendarte no comer!» y «¡A saber con qué te saldrán luego estos americanos!».

«¡No comas huevos!», solía decirle yo a mi padre mientras él pelaba un huevo duro o bañaba una rodaja de ñame con salsa de huevo.

27

La última vez que vi a mi padre en persona fue el 5 de marzo, justo antes de que el coronavirus cambiara el mundo. Okey y yo fuimos a Abba desde Lagos. «No le digáis a nadie que voy —les pedí a mis padres para evitar visitas—. Solo quiero pasar un largo fin de semana con vosotros.»

Las fotos de esa visita me hacen llorar. En los selfis que nos sacamos justo antes de marcharnos, mi padre sonríe y luego se ríe porque Okey y yo hacemos el payaso. Yo no tenía ni idea. Había planeado regresar en mayo para una estancia más larga, y poder grabar por fin algunas de las historias que, a lo largo de los años, mi padre me había contado sobre su abuela, su padre, su niñez. Iba a enseñarme dónde había crecido el árbol sagrado de su abuela. Yo no conocía ese detalle de la cosmología igbo, no sabía que algunas personas creían que un árbol especial, llamado *ogbu chi*, era depositario de su *chi*, su espíritu personal. Al padre de mi padre lo secuestraron de joven unos parientes para venderlo a unos tratantes de esclavos de Aro, pero los esclavistas lo rechazaron porque tenía una herida en la pierna (según mi padre, cojeaba ligeramente), y cuando volvió a casa su madre lo miró y, al ver que era él, salió corriendo, entre llantos y gritos, para tocar su árbol, para agradecerle a su *chi* que hubiera salvado a su hijo.

Conozco el pasado de mi padre por las historias que me contó una y otra vez, y sin embargo siempre había querido documentarlas mejor, grabarlo a él contándolas. Lo tenía planeado, convencida de que aún nos quedaba tiempo. Le decía: «Lo haremos la próxima vez, papá», y él contestaba: «Vale. La próxima vez». Me asusta esta sensación de una ascendencia que se desvanece, que se me escapa, pero al menos conservo suficiente para el mito, si no para la memoria.

28

El 28 de marzo mi tía favorita, Caroline, la hermana pequeña de mi madre, murió repentinamente a causa de un aneurisma cerebral en un hospital británico que ya estaba confinado por el coronavirus. Una mujer alegre. La tristeza nos noqueó. El virus acercaba la posibilidad de la muerte, la normalidad de la muerte, pero subsistía una apariencia de control, si te quedabas en casa, si te lavabas las manos… Con la muerte de mi tía, esa idea de control se esfumó. La muerte podía alcanzarte cualquier día y en cualquier momento, como le había pasado a ella. Mi tía se encontraba perfectamente bien y, de un día para otro, le había comenzado a doler la cabeza y al poco había muerto. Una época ya oscura se oscureció inexorablemente. Mi tía había convivido con mis padres muchos años antes de que yo naciera, y para mis dos hermanas era más una hermana mayor que una tía. Ahora rememoro a mi padre, con una voz tensada por la conmoción, diciendo que su muerte había sido un «shock», y me imagino al universo continuando con sus siniestras conspiraciones. En junio nos dejaría mi padre, y al cabo de un mes, el 11 de julio, su única hermana, mi tía Rebecca, destrozada por la muerte del hermano con quien hablaba a diario, nos abandonaría también en el mismo hospital que mi padre. Una erosión, una riada terrible, que dejaría a nuestra familia mutilada para siempre. Las capas de pérdidas hacen que la vida parezca fina como el papel.

29

¿Por qué me hace llorar la imagen de dos mariposas rojas en una camiseta? No sabemos cómo viviremos el dolor hasta que la pena nos alcanza. No me gustan especialmente las camisetas, pero me paso horas en una página web para customizarlas, diseñando camisetas para honrar la memoria de mi padre, probando tipos de letras y colores e imágenes. En algunas pongo sus iniciales, JNA, y en otras las palabras igbo *omekannia* y *oyilinnia*, que tienen un significado similar, ambas son variantes de la expresión «la hija de mi padre», pero más exultantes, más henchidas de orgullo.

¿Son esas camisetas una forma de escapar al dolor? A menudo, me paro a llorar. A menudo, pienso en lo que le parecerían a mi padre. Aceptaba mi interés por la moda, sobre todo mis elecciones menos convencionales, con una tolerancia divertida. Una vez me dijo sobre unos bombachos amplios que elegí para un evento: «Nke dika mmuo». Parecen un disfraz. Tal vez no sea la palabra que yo habría elegido, pero entendí a lo que se refería. Creo que algunas de estas camisetas le gustarían. Es diseño como terapia, que llena los silencios que elijo, porque debo ahorrarles a mis seres queridos estos pensamientos que no dejan de enturbiar mi mente. Tengo que ocultar la fuerza con que me oprime la pena. Por fin entiendo por qué la gente se tatúa a los seres que han perdido. La necesidad de proclamar no solo la pérdida, sino también el amor, la continuidad. «Soy la hija de mi padre.» Es un acto de resistencia y rechazo: la pena te dice que se ha acabado y tu corazón la contradice; la pena intenta reducir tu amor al pasado y el corazón te dice que todavía está presente.

No importa si quiero cambiar, porque he cambiado. Una voz nueva se abre paso en mi escritura, cargada de la cercanía que siento con la muerte, la conciencia de mi propia mortalidad, finamente enhebrada, aguda. Una premura nueva. Una impermanencia en el aire. Tengo que escribirlo todo ahora, porque ¿quién sabe cuánto tiempo me queda? Un día, Okey me manda el siguiente mensaje: «Añoro su humor seco y el bailecito tan divertido de cuando estaba contento y cómo te daba palmaditas en la mejilla y decía "Da igual"». Me da un vuelco el corazón. Por supuesto, me acuerdo de que mi padre siempre decía «Da igual» para hacernos sentir mejor por algo, pero que Okey también se haya acordado consigue que parezca de nuevo verdad. La pena cuenta, entre sus muchos componentes atroces, con la capacidad para sembrar la duda. No, no me lo estoy imaginando. Sí, mi padre era verdaderamente adorable.

Estoy escribiendo sobre mi padre en pasado, y no puedo creer que esté escribiendo sobre mi padre en pasado.

SOBRE CHIMAMANDA
NGOZI ADICHIE

Nació en 1977 en Nigeria. A los diecinueve años consiguió una beca para estudiar comunicación y ciencias políticas en Filadelfia. Posteriormente cursó un máster en escritura creativa en la Universidad Johns Hopkins de Portland, y actualmente vive entre Nigeria y Estados Unidos. A día de hoy Literatura Random House ha publicado sus tres novelas: *La flor púrpura*, ganadora del Commonwealth Writers' Prize y el Hurston / Wright Legacy Award; *Medio sol amarillo*, galardonada con el Orange Prize For Fiction (llamado actualmente Women's Prize for

Fiction), nombrada su «Winner of Winners» en 2020, y finalista del National Book Critics Circle Award, y *Americanah*, que recibió el elogio de la crítica y fue galardonada con el Chicago Tribune Heartland Prize 2013 y el National Book Critics Circle Award en 2014, y nombrado uno de los 10 mejores libros del año del *New York Times*. Ha publicado también en esta editorial la colección de relatos *Algo alrededor de tu cuello*, el ensayo *Todos deberíamos ser feministas* (el reconocido TEDx Talk que se ha convertido en uno de los discursos feministas más divulgados y leídos de todos los tiempos), el manifiesto *Querida Ijeawele. Cómo educar en el feminismo* y su primer discurso, *El peligro de la historia única*.

www.chimamanda.com
www.facebook.com/chimamandaadichie
@chimamanda_adichie

OTROS TÍTULOS DE LA AUTORA

«Hoy me gustaría pedir que empecemos a soñar con un plan para un mundo distinto. Un mundo más justo. Un mundo de hombres y mujeres más felices y más honestos consigo mismos. Y esta es la forma de empezar: tenemos que criar a nuestras hijas de otra forma. Y también a nuestros hijos.»

«En lugar de enseñarle a tu hija a agradar, enséñale a ser sincera. Y amable. Y valiente. Anímala a decir lo que piensa, a decir lo que opina en realidad, a decir la verdad. […] Dile que, si algo la incomoda, se queje, grite.»

«Las historias importan. Importan muchas historias. Las historias se han utilizado para desposeer y calumniar, pero también pueden usarse para facultar y humanizar. Pueden quebrar la dignidad de un pueblo, pero también pueden restaurarla.»

LA FLOR PÚRPURA

La joven Kambili y su hermano mayor Jaja llevan una vida privilegiada. Viven en una hermosa casa y frecuentan un elitista colegio religioso, pero su vida familiar dista de ser armoniosa. Su padre, respetado hombre de negocios, es un fanático católico que alienta expectativas de cariño imposibles de cumplir. Cuando los jóvenes visitan a la cariñosa y atrevida tía Ifeoma descubren un mundo nuevo: el rico olor a curry que inunda el lugar, las risas de sus primos, las flores exuberantes, el amor y la ausencia de castigos. Al regresar a su hogar, transformados por la libertad conquistada, la tensión familiar crece de forma alarmante. Un relato embriagador sobre la pérdida de la inocencia en una región asolada por la brutalidad política, la brujería y la religión.

MEDIO SOL AMARILLO

Medio sol amarillo recrea un período de la historia contemporánea de África: la lucha de Biafra por conseguir una república independiente de Nigeria, y la consecuente guerra civil que segó la vida de miles de personas. Ngozi Adichie cuenta la vida de tres personajes atrapados en las turbulencias de la década: el joven Ugwu, empleado de la casa de un profesor de ideas revolucionarias; Olanna, la hermosa mujer del profesor, que ha abandonado por amor una vida privilegiada, y Richard, un joven inglés que está enamorado de la hermana de Olanna, una mujer misteriosa que renuncia a comprometerse. A medida que las tropas nigerianas avanzan, los protagonistas de esta historia deben defender sus creencias y reafirmar sus lealtades.

ALGO ALREDEDOR DE TU CUELLO

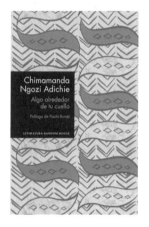

Conmovedores y profundos, estos relatos cuentan historias humanamente cercanas y geográficamente remotas: historias de mujeres que sufren lejos de su país de origen, historias de emigrantes que se encuentran a sí mismos en América, la tierra prometida. Chimamanda Ngozi Adichie sabe hablar de África alejándose de los titulares manidos sobre ese continente, pero sin dejar de lado la historia de su país. Es una escritora interesada en cómo los asuntos públicos afectan a los individuos, interesada en analizar desde la ficción el choque entre la modernidad y la tradición, las expectativas familiares y los sueños de las nuevas generaciones.

AMERICANAH

En el marco de la dictadura militar nigeriana, dos adolescentes se enamoran apasionadamente. Como gran parte de su generación, Ifemelu y Obinze saben que antes o después tendrán que dejar el país. Él siempre ha soñado con vivir en Estados Unidos, pero es ella quien consigue el visado para estudiar en la universidad. En Brooklyn descubre que nada es como se imaginaba y que todo conduce a una única pregunta: ¿acabará convirtiéndose en una «americanah»? Esta novela, que recoge el término burlón con que los nigerianos se refieren a los que vuelven de Estados Unidos dándose aires, es una historia de amor a lo largo de tres décadas y tres continentes, el relato de cómo se crea una identidad al margen de los dictados de la sociedad y sus prejuicios.